Para Katelyn,

con cariño y

Afecto.

Bendiciones

José Toro...

DESPIERTA,

¡es hora de soñar!

José Torrón

Editor: F. Pérez Sanfiel
Managing Editor: Manuel Aleman
Designer: Tina Conti

Published in the United States by CBH Books.
CBH Books is a division of Cambridge BrickHouse, Inc.

Cambridge BrickHouse, Inc.
855 Turnpike Street, Suite 237
North Andover, MA 01845
U.S.A.

Library of Congress Catalog No. 2017942700
ISBN 978-1-59835-468-3

First Edition
Printed in U.S.A.
10 9 8 7 6 5 4 3 2 1

A Isa

*Agradezco a mi madre que me dio la vida
y que siempre ha estado presente en cada momento
importante de mi existencia.*

*Agradezco a mi esposa Ive,
porque cada día es una fiesta junto a ella.*

Prólogo

Una gran contribución al movimiento del potencial humano, José Torrón comparte en este libro conversaciones que se convierten en oportunidades de acción para los lectores. Lo conozco personalmente y veo sus esfuerzos permanentes y su habilidad para contribuir generosamente, este texto es evidencia de ello. Te exhorto a que tomes ventaja de él.

—John Hanley, PhD

Índice

Capítulo 1

Capítulo 2

Capítulo 3

Capítulo 4

Capítulo 5

Capítulo 1

Piensa, siente y habla solo lo que quieres vivir...

Los pensamientos se convierten en realidad. Los pensamientos son energía pura creadora. Lo que estás pensando se está manifestando en tu vida como tu realidad. Si tienes pensamientos de alegría, estás manifestando alegría. Si tienes pensamientos de paz, tu vida estará en paz. Si en tu mente hay guerra y críticas, tu vida estará llena de guerra y críticas.

De la misma manera ocurre con el dinero. Si estás pensando constantemente en deudas y en cómo pagarlas: eso es lo que estás viviendo. Probablemente ya hayas generado varias deudas y hayas generado angustia ante el hecho de cómo pagarlas.

Lo que estás pensando, lo estás expandiendo y lo estás manifestando es tu realidad. Es muy importante estar conscientes en cada momento de que el proceso de creación de nuestros resultados comienza en nuestra mente, comienza con lo que estamos pensando. El truco está en ser conscientes y elegir pensamientos que te den poder, pensamientos que produzcan lo que quieres vivir, en vez de lo que no quieres vivir, elegir siempre pensamientos con el poder de crear tus sueños.

Te invito a que observes qué cosas no te gustan de ti, de tu vida, y qué estás pensando al respecto, cuál está siendo tu interpretación.

Tengo una práctica privada de *coaching* y a las personas que les doy *coaching*, durante las primeras conversaciones que tenemos, las invito a que comiencen a pensar solo en lo que quieren ver manifestado en sus vidas, en eso que les gustaría vivir, en el futuro que sueñan. *Que de verdad detengan sus mentes y miren dentro de sus corazones: qué es lo que de verdad, de verdad, de verdad, quieren vivir en sus vidas. Más aún, las invito a escribir su futuro tal cual ellos quieren vivirlo, lo más detalladamente posible.* Que se den permiso para escribir qué quieren vivir, parados desde una plataforma de libertad, de abundancia, desde un espacio mental en donde todo sea absolutamente posible, dándose permiso para soñar esas cosas que de verdad, de verdad, de verdad, quieren vivir. Que cuando eso suceda, jamás su vida será igual.

Este simple paso: sentados en una habitación, solos, lápiz y papel en mano, escribir, escribir, escribir y escribir absolutamente todo lo que les llegue a sus mentes y a sus corazones, todo lo que les gustaría vivir, cada una de sus metas, de sus sueños. Y ese único ejercicio de estar solos con ellos mismos y escribir, sin interrupciones de llamadas o de televisión, es lo suficientemente poderoso para lograr alterar sus vidas para siempre.

Una frase que uso es: ***"Piensen, sientan y hablen solo lo que quieren vivir"***. Tus palabras tienen mucho poder de creación. Todo comienza allí: ***en la palabra***. Si estás hablando de cosas que no quieres vivir, probablemente en tu vida haya cosas que no deseas. Si estás hablando de lo que quieres vivir, es muy posible que ya estés manifestando las cosas que te gustan. Y cuando te digo que hables las cosas que quieres, no es necesario que esas palabras salgan de tu boca.

La conversación interna, privada de tu mente, esa "vocecita" que está opinando siempre acerca de todo (ahora mismo cuando lees este libro, esa "vocecita" te está dando su opinión), ***esa "vocecita"*** está impactando profundamente lo que estás viviendo. Y esa "vocecita" es la narración silente de tu futuro. Tus conversaciones privadas se hacen públicas a través de tus resultados. O sea que de verdad no hay conversaciones privadas, todo se ve en tus resultados. Todo lo que piensas se está manifestando. ***Vives lo que pensaste.*** Llegaste a este punto en tu vida a través de tu conversación. ***Pensaste tu vida.***

Hay personas que han aprendido a ser tan negativas, que impiden que cosas nuevas y hermosas lleguen a sus vidas. ¿Por qué? Porque hemos nacido en un momento histórico en el cual la mayor parte de las conversaciones colectivas que nos llegan de todo el planeta, son negativas. Los periódicos, la televisión, la Internet, la radio: están llenos de noticias de asesinatos, robos y tragedias humanas, de dolor, de desesperanza, de que simplemente ***"no se puede"***, de que ***"antes era más fácil"***. Esa conversación que sale de la boca de millones de personas es transmitida de generación en generación y es repetida por las personas que estamos vivas ahora. Y así, se repite y se repite, haciendo que eso que estamos hablando, se siga manifestando.

Imaginemos por un momento que tenemos un aparato medidor de conversaciones y que se lo conectamos al planeta. Si el aparato clasificara las conversaciones en "positivas" o "negativas", comprobaríamos que el 80% de las conversaciones son negativas. Lo peor de todo esto es que no nos damos ni cuenta y las generaciones futuras van a escuchar estas mismas conversaciones. Tal vez, cada vez peores. No digo esto para crear desesperanza, todo lo contrario, es para que tomemos conciencia sobre lo que estamos hablando y de que se lo estamos transmitiendo a las futuras generaciones.

Este libro está escrito con un enfoque contrario a lo que la mayoría de la gente está escuchando desde hace mucho tiempo. En este libro se trata:

de posibilidad,
de amor,
de fe,
de fe en ti,
de positivismo,
de certeza absoluta,
de que no importa de dónde vengas y lo que haya pasado en tu vida, hoy puedes comenzar a diseñar tu futuro,
de que sí es posible,
de que sí se puede,
de que hoy, en este momento,

te puedes sentir diferente;
de que ahora las cosas pueden ser diferentes
para siempre,
de que tu experiencia de vida puede ser buena.

Hoy, pensando, sintiendo y hablando lo que quieres, puedes cambiar tu vida. Hace unos días estaba escuchando a un joven de unos 20 años hablar de cómo él veía su vida y me dejó con la boca abierta al decirme: la mayoría de las personas dicen que no saben cómo va a ser su futuro, pero yo sí puedo ver mi futuro, yo sé cómo va a ser mi futuro.

Depende únicamente de mí.
Se trata de ir al futuro con todo tu corazón,
con tu mente, con tu ser y atreverte a decirte: "sí".
Que "¡sí puedo crear lo que sueño,
que yo sí puedo!".

Puedes ser quien no has sido, puedes tener lo que aún no has tenido, te puedes convertir en quien aún no te has convertido. Es posible que todo lo que está en tu corazón suceda.

Todo comienza en un pensamiento.
Todo es absolutamente posible.

Capítulo 2

Si lo puedes soñar, lo puedes crear...

Todo lo que está a tu alrededor era imposible antes de que una persona, o varias, se comprometieran a hacerlo.

*No es que simplemente "quisieran"...
sino que se comprometieran.*

Hace unos días leí una analogía acerca de *"querer algo"* y de *"comprometerse con algo"*. Por ejemplo: Si te sirven un desayuno con huevo y tocineta; la gallina *"quería"*, contribuyó, pero el cerdito *"se comprometió"*, dio la vida. "Comprometerse" es cuando tu vida entera está en juego. Tu cuerpo entero está comprometido, no solo una parte de él.

En menos de setenta años, la raza humana ha pasado de despegar el primer avión a posarse en la Luna en una nave espacial. Hace unos años, una persona que se enfermaba del corazón, no tenía otra opción más que vivir con su enfermedad hasta que llegara la muerte. Hoy podemos hacer trasplantes cardíacos. El teléfono móvil que tienes en tu bolsillo, parece sacado de una película de ciencia ficción, de hecho, los primeros que yo vi fueron en la serie *Star Trek*, en la tele.

Hoy puedes comunicarte con el mundo entero en un instante y con tu teléfono puedes hacer búsquedas de información a nivel mundial en unos pocos segundos. Puedes, al mismo tiempo, comprar un boleto aéreo con descuento, ver una película de acción, tomarte un selfi, recibir una llamada, recibir miles de ofertas de trabajo por correo electrónico, tener 12 relojes con 12 zonas horarias, escuchar música, medir tus latidos cardíacos, tener un GPS, etc.¡Y todo desde una silla, sentado! Hace muy poco todo esto era imposible.

En tu vida pasa igual. Las cosas que han sido imposibles para ti, son imposibles de lograr hasta que pienses que son posibles.

Todo lo que estás deseando en este momento, ¡todo!, es completamente posible.
Estás a un pensamiento de distancia de lograrlo, estás a un "¡sí!" de manifestarlo.

Si ese deseo está en tu corazón, es por algo, ¿de dónde llegó? Ya es hora de atreverte, es el momento de decirle que sí a eso que está en tu corazón.

Lo que tú piensas tiene mucho poder. Tus pensamientos y los míos están hechos de lo mismo que está hecho el universo completo: *¡de energía!*

Si tomaras un microscopio superpotente y comenzaras a ver en tu interior de qué estás hecho, verías tus células, luego tus átomos, luego tus electrones, tus protones y tus neutrones; si pudieras profundizar más y entrar cada vez más en tu micromundo y buscar más, encontrarías tu energía en forma de quarks y espacio vacío. Si tomaras una cámara fotográfica y fueras lanzado y entraras por un extremo de un átomo hasta salir por el otro, y durante todo el trayecto tomaras fotos y vídeos, todas las fotos estarán en blanco ya que lo único que hay es energía.

Somos una manifestación de la energía, igual que la energía en que estás pensando, igual que la energía que está manifestándose en el universo.

Cuando de mi boca salen palabras, que lógicamente vienen de mis pensamientos, pensamientos que ya sabemos que son energía pura creadora, estoy creando mi realidad.

Si estoy hablando basura, ¿qué crees que voy a crear?

Si estoy hablando de posibilidad, de abundancia, de fe, ¿qué crees que estoy manifestando? ¿Qué crees que vas a manifestar?

Lo mismo pasa con la información visual, las imágenes que están llegando a mi mente. Si escucho y veo basura, ¿qué piensas que mi mente va a estar expandiendo? Y cuando hablo de esto, no es necesariamente de un proceso consciente. Cuando llenas tu mente de cosas, esas cosas tienden a expandirse y a manifestarse en tu vida. Cuida lo que entra a tu mente. Es como cuando comes, si llenas tu cuerpo de comida saludable, pues lo que manifiestas es salud, pero si lo llenas de cosas nocivas y tóxicas, pues eso es lo que vas a manifestar.

Es completamente posible alterar lo que está sucediendo en tu vida en todas las áreas. Lo que estás viviendo hoy es el resultado de las decisiones y las acciones que tus pensamientos ya han generado. Pero te tengo una buena noticia: el universo no es estático y no estás destinado a vivir nada que esté sucediendo en tu vida actualmente. Tu vida no es una fotografía fija, tu vida es una película. ¿Cuál sería el título de la película de tu vida hoy? ¿Cuál es el título que quieres que tenga la película de tu vida mañana?

El primer paso para alterar y cambiar lo que está

sucediendo, es ver lo que estás pensando acerca de eso que quieres tener, atraer y manifestar.

Comienza a pensar las cosas
que sí quieres vivir.

A veces se hace difícil si estás inmerso en una situación como deudas, pleitos, problemas emocionales difíciles... pero si estás comprometido a dar un salto cuántico:

Requieres parar en este momento
y tomar acción.
Querido o querida amigo/a:
Nadie va a vivir tu vida por ti,
nadie va a abrir tu negocio por ti,
nadie va a ahorrar por ti,
nadie, por más que te ame, va a hacer las cosas
que requieres hacer para crear la vida que estás
soñando y que estás a solo un pensamiento de
distancia de lograrlo.

El juego va más allá aún. Las creencias que están en tu mente, en tu subconsciente, también se expanden de una manera poderosa. Lo peor es que ni siquiera nos damos cuenta de que esas creencias están allí y están manifestándose. Hasta que no logres ver y cambiar estas creencias, estas estarán manifestándose en tu vida y lo llamarás destino. Es como esa canción de Julio Iglesias que dice: *"Tropecé de nuevo con la misma piedra"*. La piedra no se va a quitar hasta que no la quites tú, pero no está frente a ti, sino dentro de ti. Esa piedra es una imaginación a la que tú le estás dando poder para que sea real. Y como llevas tanto tiempo pensando eso, como es un pensamiento crónico, te has creído que ese pensamiento es una realidad. Pero es solo un pensamiento. ¡Y es un pensamiento negativo! No le hagas tanto caso a lo que estás pensando, son solo pensamientos. Duda tan fuerte como te sea posible de todo lo que piensas, aunque sea una sola vez en tu vida, duda de todo, todo lo que estás pensando.

Imagina que eres una computadora nueva y que lo que entras en el disco duro son programas de video juegos, y en todos hay zombis y soldados cibernéticos que están queriendo acabar contigo. Cada vez que prendas tu computadora, ¿qué piensas que vas a encontrar en ella? Por más que busques un juego donde sea posible ser feliz y manifestar abundancia, no lo podrás encontrar. El código no existe, el programa no está en la computadora.

De la misma manera pasa con tu mente y

con la mía. De alguna manera generamos la programación que tenemos en este momento y estamos sembrando las semillas que vas a ver en el futuro.

Tus pensamientos son la declaración silente futura de tu vida.

De hecho, ya que estás leyendo este libro, de alguna manera estás y te estás haciendo consciente de que, desde este mismo instante, todo puede ser diferente. Desde ahora mismo, en tu mente puede no volver a albergarse información que no deseas. Llegará un montón de información que ni siquiera te pertenece, pero *tú decides* si te quedas con esos pensamientos o no.

¿Qué programación tienes en tu disco duro que tu vida se está viendo como se está viendo? Es hora de *parar* y de *elegir* qué pensamientos vas a tener.

Es hora de callarse y mirar, solo mirar en qué estás pensando en todas las áreas de tu vida. Te puede ayudar escribir todas las creencias que encuentres, todos los recuerdos de cuando vivías en la abundancia, todos los recuerdos que encuentres que te trajeron a donde estás hoy.

"¡Hazlo ya! Just do it!".

Es una de las campañas publicitarias más poderosas que he visto, *"Just do it!"* de Nike. Ahí tienes el secreto para manifestar eso que quieres. Para manifestar todo lo que quieres. ¿Cómo lo haces? ¡Haciéndolo! Hay infinitas maneras de generar y manifestar todo lo que quieres, pero si no te paras de la silla y tomas acción, no va a suceder.

Nadie,
nadie,
nadie,
nadie,
nadie lo va a hacer por ti.
Esta es tu vida.
Tú eres el piloto.
Tú eres el que está escribiendo el guion,
tú eres el actor principal.

Puedes seguir esgrimiendo las excusas que has aprendido. Es bien sencillo, o estás viviendo el resultado que quieres o estás esgrimiendo la excusa para justificar por qué no estás viviendo lo que quieres. Si no estás comprometido a tomar acción, entiendo que seguir leyendo este libro va a ser una pérdida de tiempo para ti. *¡Toma acción!*

Recuerda que naciste con un disco duro de computadora limpio y lo llenaste o te lo llenaron de información. Esa información es la que está generando las excusas y si estás leyendo este libro, sé que de alguna manera estás harto o "Jarto con J mayúscula" de que las cosas no sucedan en tu vida.

Así que, de pie y a tomar acción.
Tal vez sea hora:
de matricularte en la universidad,
de comenzar tu nuevo negocio,
de ir a donde tus seres queridos a sanar las
relaciones y acercarte,
de pagar las deudas para siempre,
de tomarte las vacaciones que nunca llegan,
de pintar ese cuadro,
de poner ese anuncio para vender tu casa y
emigrar a otro país,
de comprarte el velero que siempre has soñado.

Tú sabes lo que quieres hacer.
Solo tú sabes qué es lo que realmente te apasiona.
Al final, tú sabes más de ti que nadie.
Eres un experto en ti.

Hoy tienes un día menos que ayer, si la vida se te acabara en este momento, qué cosas se van contigo, qué cosas no viviste por que estabas muy ocupado trabajando para pagar facturas.

Just do it!
Si no lo haces tú, ¿quién?
Si no lo haces ahora, ¿cuándo?
Eres cien por ciento responsable
de todo lo que está ocurriendo en tu vida.
Esto significa que puedes alterar
el curso de tu vida para siempre
si te paras y te haces responsable de todo,
de todos tus resultados,
de tus emociones, de todo.
¡Dale!

Capítulo 3

Haz lo que te gusta...

En el día de ayer vi en el Internet a un joven con Síndrome de Down que hace un baile de alegría cuando va a entrar a su restaurante todas las mañanas porque está absolutamente feliz de poder hacer lo que hace. Este joven es el propietario, y además del baile que hace (que me parece espectacular empezar el día de esa manera), también abraza a todos sus clientes. Él se denomina a sí mismo como una máquina de dar abrazos. ¡Wao! Imagina tú iniciar así tus días, todas las mañanas bailando porque sí, y abrazando a las personas que están cerca de ti: tu familia, tus compañeros, tus clientes, todos… Magia...

Ya estás donde estás. Es lo que es.

¿Puedes cambiar tu pasado? *Nop…*

Pero tienes el regalo de que aún estás vivo y sí puedes cambiar para siempre tu futuro. Puedes inventarte hoy, algo diferente que te guste vivir y crearlo. ¡Ahora!

La forma en que te voy a invitar a hacer esto es *declarando lo que sí quieres vivir.* Fíjate que dice *lo que "quieres" vivir.* Esto es de vital importancia. *Deja de estar haciendo cosas que no quieres.*

Esto no significa que te conviertas en una persona irresponsable, pero:

si el trabajo que tienes no te gusta,
es el momento de cambiarlo;
si quieres emigrar a otro país,
es momento de usar ese pasaporte;
si lo que estás viviendo de alguna manera no es
realmente lo que te gusta, lo que te mueve, lo que te
apasiona, es momento de cambiar las cosas;
y si requieres cambiarlo todo, pues es el momento
de tomar acción y cambiarlo todo.
La vida se te está acabando.
Hoy tienes un día menos que ayer.
Por más que vivas el día que llegue tu muerte va a
ser demasiado rápido.
Si te regalan 80 años de vida, solo vas a vivir
29,200 días.

Cuando declaro algo, ya en ese mismo momento lo comienzo a manifestar. La energía de mi pensamiento se comienza a expandir. Cuando lo digo, lo declaro con fuerza, con certeza absoluta, lo escribo, ya lo traigo desde un plano invisible a un plano visible. Ya existe. Todo lo que te rodea ha comenzado a manifestarse del plano invisible al plano visible a través de una declaración.

Todo: El carro que manejas (si manejas un carro), tu casa, los aviones que cruzan el cielo, el reloj que tienes en tu muñeca, la computadora donde estoy escribiendo esto para ti, los lentes que uso para poder adaptar mi visión, los zapatos que llevas puesto, todo, absolutamente todo, todo, todo, todo, lo que el hombre ha manifestado en estos millones de años que llevamos caminando en la Tierra, ha comenzado en una ***declaración***.

Cuando declaro algo, abro una posibilidad que no existía de ninguna manera, abro un espacio de creación nuevo, abro una puerta a mi futuro que estaba cerrada o mejor dicho, que no existía. Y la única razón que existe es porque yo lo estoy declarando, lo estoy diciendo, lo estoy trayendo del plano invisible al visible. Mandas una orden al futuro para que se manifieste lo que quieres, mandas una flecha de energía al futuro para que lo que requieres que suceda, se despierte y empiece a moverse en la dirección donde se va a manifestar. Pero te invito a declarar sin buscar el cómo. Te invito a declarar abriendo ese espacio nuevo de creación. Un espacio desde el cual puedo ver oportunidades, ideas, cosas nuevas. Un espacio donde me puedo parar y darme cuenta desde allí. No se trata de un proceso de preguntas y respuestas, se trata de un espacio nuevo que se abre y donde me doy cuenta, un espacio donde soy consciente de mi declaración y las infinitas posibilidades que existen en este momento en el universo, para mí.

Es como un videojuego: cuando enciendes un videojuego, a pesar de que eres tú el que estás accionando el control del juego, ya todas las jugadas existen, da igual que dobles hacia la derecha o hacia la izquierda, como quiera va a suceder, ya que la posibilidad dentro del videojuego fue programada. El universo está programado para manifestar todas tus jugadas. Pero requieres jugarlas para que las puedas ver manifestarse. Cuando pasas de un mundo a otro, ya esa posibilidad existe. Si te quedas en la declaración, si te quedas en ese espacio de posibilidad como una posibilidad, vas a hacerte consciente de los diferentes e infinitos mundos que siempre están disponibles.

Tus declaraciones deben ser hechas desde un

contexto de certeza absoluta, creer, pero de verdad creer que así es, que será de una manera diferente la realidad que estás viviendo, la realidad que estás creando, que estás manifestando.

Si no crees que es posible, ¡no va a suceder!
Para de no creer en ti.
Repítete una y otra vez: ¡Yo puedo! ¡Yo puedo!
¡Yo puedo!
Grítalo si es necesario:
¡Yooooo puedoooooooooooooo!
¡Es posibleeeeeeeeee!

Va a requerir mucha energía de ti al principio, ya que tal vez lleves mucho tiempo en la misma zona, *en tu zona de comodidad*. Es como cuando un avión va a despegar, requiere de toda su fuerza para el despegue y luego se le hace más fácil. Es como estar acostado en una hamaca por mucho tiempo. ¿Es fácil o es difícil salir de la hamaca? De la misma manera, vas a requerir fuerza al comienzo.

Párate de esa silla, toma acción.

Y si se te hace difícil porque estás sumergido en una realidad dolorosa desde hace tiempo, pues bien, es lo que es, es posible en este momento cambiar todo.

Si aún no consigues tener la certeza absoluta de que va a cambiar, *ok*, está bien, sigue haciéndolo, escribiéndolo, *¡declarándolo!* Hasta que la certeza absoluta nazca en ti, hasta que generes una conversación interna poderosa contigo de que:

sí va a suceder,
de que sí puedes,
de que ya está sucediendo.
Si se hace difícil,
hazlo aunque sea difícil.
Si no tienes la certeza de que es posible,
hazlo sin la certeza.
Si no te sale a la primera, te saldrá a la segunda o
a la tercera.
¡No te quites!
Nadie lo puede hacer por ti, solo tú puedes
manifestar tu vida.
Solo tú puedes empezar tu negocio,
solo tú puedes sanar tu familia,
solo tú puedes tener esa relación de pareja
extraordinaria,
solo tú puedes tomarte tus vacaciones.
Es posible.
Es posible.

Es posible.
No te quites.
Si no eres tú, ¿quién?
Si no es ahora, ¿cuándo?
Piensa todos los días en tu visión,
crea un sistema que te funcione,
escríbelo por todas partes,
díselo a todo el mundo,
háblalo,
háblalo,
háblalo.
Díselo a todo el mundo,
pon fotos,
recortes para que veas todos los días
lo que quieres.

Por ejemplo: si quieres una casa, busca revistas que tengan fotos de casas como la que sueñas, recorta las fotos y pégalas en todas partes. Te invito a hacer un tablero de tu visión. Búscate una cartulina y llénala de fotos y recortes de ***todo lo que quieres vivir.*** El dinero que quieres tener, escribe un cheque con la cantidad, imprime imágenes de billetes, sé ***específico*** con la cantidad. Si quieres una casa hermosa, pega fotos de casas. Si quieres felicidad en tu familia, pega fotos de personas felices.

Luego de que hagas tu tablero de visión,

párate frente a él y no pienses nada, solo mira las imágenes y llena tu mente de todo lo que sí quieres. Haz esto la mayor cantidad de tiempo y con la mayor frecuencia posible todos los días. Lo que estás haciendo con esto es diciéndole a tu subconsciente:

> **"Oye, ponte a trabajar que esto es lo que vamos a vivir".**

Tu subconsciente comienza a generar las ideas, las maneras, a despertar áreas de tu mente que estaban dormidas. Vas a forzar de esta manera a que tu mente se ponga activa. Usamos como un 5% de esa súper mega computadora que es tu mente. Pon tu tablero en un lugar donde pases frecuentemente. Yo tengo mi tablero en mi habitación y lo veo cada vez que me levanto, que me cepillo los dientes, y me acuesto. Además, lleno de declaraciones escritas los espejos de mi casa. Jajajaja, a veces, si mi esposa y yo nos queremos peinar al mismo tiempo, no cabemos.

Conviértete en una máquina creadora de tu vida. No pierdas ni un segundo. Cuando declaro, abro un espacio vacío. Un espacio en la nada. Un espacio donde todo es posible. Este tablero reúne las declaraciones de imágenes de tus sueños. Te invito a sentirlas cada vez que estés frente a ellas. Siente como si ya hubieran sucedido.

Al pararte en el vacío, lo único que existe es la ***posibilidad***. Es como pararte frente a un *canvas* en blanco. Puedes pintar el cuadro que quieras, puedes utilizar los colores que quieras. Desde la nada, todo es posible. Todo lo que ves a tu alrededor, todo, se ha manifestado desde la nada.

Imposible es solo una palabra, una opinión. Generalmente las personas que no han logrado lo que tú quieres lograr, dirán que es imposible. Quien te quiere halar hacia abajo tal vez esté por debajo de ti. Si en este momento quieres manifestar un millón de dólares y vas y le preguntas a personas que no lo han manifestado, que no lo tienen en una cuenta de banco, ¿cuál crees que va a ser su respuesta?

Pero si vas y le preguntas a personas que sí tienen un millón de dólares o más en una cuenta, ¿qué crees que te van a decir acerca de si es posible o no?

Cuando Cristóbal Colón salió en su viaje, todos pensaban que la tierra era plana: que estaba loco.

Cuando los hermanos Wright estaban pasando de hacer bicicletas a hacer aviones: estaban locos.

Cuando Roger Bannister no había corrido una milla en menos de 4 minutos, era humanamente imposible. Y así era ***humana(mente)***, la ***mente*** lo hacía imposible.

Trata a tus pensamientos con amor. Elige lo que piensas. Tus pensamientos son el futuro de tu vida. Lo que piensas, lo vas a vivir te guste o no. Al principio se te puede hacer difícil, pero es cuestión de práctica. Como montar bicicleta. Si montas bicicleta, las primeras veces son incómodas, pero en cuanto te acostumbras, te sale natural. Es como guiar un automóvil, que al principio es muy incómodo, te da miedo chocar, se te olvida pisar la palanca de los cambios, se te olvida ver por el espejo retrovisor... pero luego es como si el carro fuera una extensión de tu cuerpo, te sale natural. De la misma manera te va a ocurrir con tus pensamientos:

Entrénate a pensar lo que quieres vivir,
entrénate a pensar lo que de verdad te gusta.
Habla lo que quieres vivir, no lo que no quieres.
Piensa, siente y habla lo que quieres vivir.

Una recomendación es que te reúnas con personas que ya hayan manifestado o estén manifestando las cosas que tú quieres. Reúnete con personas que digan que sí. Por ejemplo, si quieres manifestar dinero y ves que todos los amigos con los cuales compartes están sin un centavo, es el momento de incluir en ese grupo de personas con las que hablas y pasas tiempo, a personas que tengan dinero. No se trata de que no quieras a los amigos con menos dinero que tú, no es eso lo que te estoy diciendo, sigue queriendo a tu gente y compartiendo con ella, pero incluye a personas en tu vida que ya hayan manifestado eso que estás en proceso de manifestar.

Hace unos días escuchaba un *CD* de un autor que me gusta mucho y admiro, *Les Brown*, y este decía que la persona que gana $200,000 dólares al año no tiene mucho que hablar con la que gana $20,000 dólares al año. No por nada malo de ninguna de las dos, simplemente el contexto que han creado es diferente y esto va a generar conversaciones diferentes. Si quieres ser una persona de doscientos mil dólares al año o de dos millones de dólares al año, es hora de incluir en tu agenda el acercarte a otro grupo de personas también.

Amigo, amiga,
requieres tener hambre de verdad,
pero hambre de que eso suceda.
Si no tienes hambre de que algo suceda,
no va a suceder.
Te invito a que de verdad busques en tu corazón eso
que te gusta y dediques tu tiempo a eso.
Si de verdad, pero de verdad algo no te mueve,

no pierdas tu tiempo en eso.
Vas a encontrar un montón de excusas en el
camino para no lograrlo, o si lo logras cuando ya
estés allí, no creo que le encuentres sentido.
Busca el propósito por el cual viniste a esta vida.
Jamás Nadie ha sido, es o será igual a ti.
Eres un ser único.
¿Qué haces aquí?
Si no lo sabes, está bien.
Pero por lo menos busca en tu corazón
qué te apasiona,
qué te llena,
qué te llama la atención,
qué te gusta,
y comienza por ahí.
Y si no lo encuentras,
¡invéntate algo y muévete!

Busca un sueño que te quite el sueño.
Tu vida está después de un sí.

Capítulo 4

Puede ser fácil, espontáneo y continuo...

¿Qué viene a tu mente cuando lees la palabra "desierto"? La palabra "desierto" trae a tu mente: calor, sol, soledad, hambre, sed, dolor, arena, muerte. ¿Qué le pasa a una persona cuando la dejas en el desierto un mes sin provisiones? Esta persona va a experimentar todo eso que mencionamos, ¿verdad? Y, ¿qué ocurre si dejamos en el desierto a mil personas, una tras otra? Probablemente todas tengan una experiencia similar. ¿Por qué sucede esto? Porque el contexto "desierto" produce siempre lo mismo.

El contexto, en las personas, son las *creencias* que esta persona tiene. No importa dónde la pongas geográficamente, su contexto va a producir lo mismo.

Si una persona tiene creencias de que las cosas se resuelven a trompadas, ¿cómo crees que está resolviendo los conflictos en su vida? A trompadas. ¿Y qué ocurre si llevas a esta persona a New York, Belice, China o Australia? ¿Cómo crees que esta persona va a resolver los problemas en los diferentes países?

El contexto produce el contenido que se manifiesta en tu vida. Si tu vida está siendo fácil y divertida, tus creencias, no importa dónde estés, hasta preso, van a producir una experiencia de vida similar, donde quiera que pongamos tu cuerpo.

Hace unos años supe de una persona que se sacó 16 millones de dólares en la lotería y dos años después estaba firmando cheques sin fondo. El contexto crea y manifiesta el contenido.

Hay personas que logran ponerse de mal humor y pelear o deprimirse en Disney World. Cuando era pequeño estaba de vacaciones con mi familia y varias familias más, cercanas a nosotros, y una de las parejas de adultos estuvo peleando gran parte del viaje. El pleito no tiene nada que ver con Mickey o Pluto.

Me dirás: "Bien, bien, ya entendí. Lo que yo sé, mi **contexto** está produciendo mi contenido, lo que estoy viviendo".

"¿Y cómo cambio mi contexto, José?".
El contexto siempre es creado.
No es aprendido,
no es un accidente,
no es una casualidad,
no es al azar.
El contexto es creado.
Hay muchas maneras de crear mi contexto.

Una de ellas es exponiéndote a informaciones nuevas como esto que estás leyendo. Hay mucha información escrita, digital, en la TV, en vídeos, que te pueden ayudar a modificar tu contexto, a modificar lo que sabes.

Búscate un coach o varios.

Hace nueve años, por primera vez en mi vida, contraté a una persona que admiro para que me entrenara en la vida. Es como si yo fuera un jugador de fútbol y mi *coach* me indicara las áreas en las que requiero moverme diferente. La conversación de *coaching* es poderosa en el sentido de que, al sostenerla, y darme permiso de explorarla y tomar acciones específicas, logro mover mi vida en ese sentido.

Crea un grupo de apoyo

Júntate con gente que diga que sí. Un grupo de personas, no necesariamente tu familia, de hecho, recomiendo que no sea tu familia, ya que probablemente hablen cosas similares. Exponte a traer ideas nuevas, a escuchar opiniones nuevas, a tener conversaciones nuevas.

Declara lo que quieres vivir

Cuando declaras cosas nuevas que no has vivido, tus creencias limitantes acerca de esas declaraciones salen. En ese momento, te haces consciente de esas creencias (del contexto en el cual estás operando) y puedes cambiarlas por otras que sí te ayuden a manifestar esos sueños.

Deja de defender tu opinión, suelta la razón

Lo que tú sabes es tu contexto y tu contexto está manifestando lo que contiene tu vida. Si no te llevaras nada más de este libro, solo esto último, no necesitarías nada más para transformar tu vida para siempre. Suelta lo que tú sabes. Lo que tú sabes y la interpretación que le das a lo que sucede en tu vida, es fruto del contexto desde el cual estás operando.

Lo que ves no es, es solo lo que tú ves

Tu mejor manera de pensar te tiene en la vida que estás viviendo.

Es momento de que tu vida sea fácil, espontánea y continua. Para que eso ocurra, requieres cambiar tu contexto. Lo que tú sabes, es hora de modificarlo. Una vez que cambies tu contexto, siempre vas a manifestar desde lo "fácil, espontánea y continuamente" las cosas que vas a vivir.

Una persona feliz,
siempre manifiesta felicidad.
Una persona rica,
siempre manifiesta riqueza.
Una persona divertida,
siempre está divirtiéndose.
El contexto siempre crea el contenido.
Quieras o no,
estás manifestando tu vida.
Quieras o no,
el universo está dándote lo que pides.
Quieras o no,
vas a vivir lo que estás pensando,
sintiendo y hablando.

Capítulo 5

Yo no sé que yo no sé: Donde suceden los milagros…

Hay tres espacios del conocimiento desde donde puedes manifestar tu futuro:

Yo sé que yo sé.
Yo sé que yo no sé.
Yo no sé que yo no sé.

El primer lugar del conocimiento desde donde puedes crear tu futuro lo vamos a llamar:

Yo sé que yo sé

Todo lo que sabes, todo lo que has aprendido desde que naciste, todas las cosas a las cuales has estado expuesto, todo lo que has sentido, todo lo que recuerdas, todo lo que has interpretado e interpretas de lo que has vivido, eso es:

Yo sé que yo sé. Desde allí, puedes crear tu vida. Lo que puedes crear operando desde ese espacio, probablemente ya lo estás viviendo en tu vida. Nada malo con eso. Pero seguir creando desde lo que sabes, se va a ver similar a lo que ya tienes. Vas a tener un poco más, vas a crear un poco más. Vas a lograr un poco más.

El próximo espacio del conocimiento desde el cual puedes manifestar tu vida es:

Yo sé que yo no sé

Yo sé que yo no sé hablar mandarín, pero puedo aprender a hablar mandarín y desde allí crear cosas nuevas.

Yo sé que yo no sé pilotear un avión, pero yo puedo aprender a pilotear y usar esa información aprendida para manifestar cosas nuevas en mi vida.

Hay un montón de cosas que yo estoy consciente que no domino, que no tengo el conocimiento para usar en la creación de mi futuro, pero yo puedo aprender a dominar ese conocimiento y a usarlo en la creación de mi futuro. Ese espacio probablemente sea más amplio que el que *Yo sé que yo sé*. Puedo expandir mi conocimiento, tomar clases, entrar a algún programa educativo y exponerme a informaciones nuevas y aprenderlas para usarlas en la manifestación de mi futuro.

Yo no sé que yo no sé

Este es el espacio donde la magia en tu vida sucede. Para acceder a este espacio de conocimiento, requiero **declarar** a través de mi palabra y pararme en un espacio nuevo que no existía, un espacio precognitivo (antes de que un pensamiento llegue) y quedarme en ese espacio de posibilidad absoluta, un espacio donde entro en blanco, sin buscar respuestas. Un espacio donde entro a darme cuenta, a tomar conciencia, un espacio de creación donde me paro a ver y reconocer las cosas. Hemos estado allí de una manera inconsciente muchas veces.

Sé que todos hemos tenido experiencias en las cuales declaramos algo y sucede más rápido de lo que creíamos, simplemente encontrando la manera, supimos cómo era. En este espacio *manifiesto lo que soy.* En el espacio de creación de ***Yo no sé que yo no sé***, todo ha existido siempre. Todo lo que tú quieres, todos tus imposibles y los míos, ya existen, solo que no hemos entrado en ese espacio de creación y aún no hemos identificado la manera en que, de una forma fácil, espontánea y continua, nuestros sueños se manifiesten.

*El universo se manifiesta
de una manera fácil.
El universo se manifiesta
de una manera espontánea.
El universo se manifiesta
de una manera continua.*

Fin

De la presente edición:
Despierta, ¡es hora de soñar!
por José Torrón
producida por la casa editorial CBH Books
(Massachusetts, Estados Unidos),
año 2017
Cualquier comentario sobre esta obra
o solicitud de permisos, puede escribir a:
Departamento de español
Cambridge BrickHouse, Inc.
855 Turnpike Street Suite 237
North Andover, MA 01845
U.S.A.